와글와글, 시끌시끌 여기는 물속 나라.
바위틈에서 집게 집게 가재가 쏙,
물살을 가르며 송사리가 휙휙,
물풀도 춤추며 흐느적흐느적.

맑은 민물에는 누가 누가 살까요?

감수 유정칠

경희대학교 생물학과를 졸업하고, 영국 옥스퍼드대학교에서 동물생태학으로 박사 학위를 받았습니다.
경희대학교 자연사박물관장과 자연박물관협회 상임위원장을 역임하였으며,
현재 경희대학교 생물학과 교수, 국립공원을 지키는 시민의 모임 대표로 활동하고 있습니다.
저서로는 〈한강에서 만나는 새와 물고기〉, 〈수리〉, 〈곰은 잘 먹어〉, 〈밤에 다니는 올빼미〉,
〈고양이는 재주가 많아〉 등이 있고 번역서로는 〈움직여 봐!〉, 〈조류대도감〉 등이 있습니다.

글 꿈꾸는 초록이

자연과학을 전공한 과학 전문 출판인들의 모임입니다.
오랜 세월 녹색 환경과 생태에 관심을 가지고 많은 자연과학 및 생태 관련 서적을 출판하였으며
오늘도 어린이들에게 자연의 아름다움과 꿈을 키워 주기 위해 노력하고 있습니다.

글 임지연

인하대학교 대학원에서 아동문학을 공부하고 있으며, 현재는 동화 작가로 활동하고 있습니다.
저서로는 〈기관차 야에몽〉, 〈올빼미의 눈〉, 〈팥죽할머니와 호랑이〉, 〈오츠벨과 코끼리〉 등
많은 작품이 있습니다.

+UP 자연속으로 민물에 사는 동물

감수 | 유정칠 **글 |** 꿈꾸는 초록이 · 임지연 **그림 |** 홍성지 · 원성현 · 조성헌
펴낸이 | 최학용 **펴낸곳 |** 키즈탄탄 주식회사 **출판등록 |** 제2022 000051호
주소 | 서울특별시 금천구 가산디지털1로 30, 901호 **TEL |** 031-341-1025
홈페이지 | www.tantani.com
편집 책임 | 이정순 **편집 |** 김미연 · 정진미 · 이수정 · 이주연 · 박지은 · 강효임 · 오유리 **교정 |** 박사례
디자인 | 천현정 · 강경진 · 왕효수 · 명희경 · 한옥현 · 전경숙 **조판 |** 민정희 **포토 리서치 |** 김미영 시몽포토에이전시

사진제공
시몽포토에이전시 · 유로크레온 · 이미지클릭 · 타임스페이스 · 토픽포토에이전시

키즈탄탄 주식회사는 어린이 그림동화 전문 출판사입니다. 이 책은 저작권법에 따라 보호받는 저작물이므로,
이 책의 전부 또는 일부를 무단으로 복사, 복제, 배포하거나 전산장치에 저장할 수 없습니다.
책 모서리가 날카롭고 무거워 다칠 수 있으니 사람을 향해 던지거나 떨어뜨리지 마십시오. 책이 변색되거나 뒤틀릴 수 있으므로 보관 시 직사광선이나 습기 찬 곳은 피해 주십시오.

ISBN 979-11-93042-32-8 ISBN 979-11-982571-0-9 74400 (세트)

민물에 사는 동물

감수 유정칠 | 글 꿈꾸는 초록이·임지연

여원키즈탄탄

물속 친구들의 보금자리 민물

돌돌 맑은 물이 계곡을 돌아 흘러내려요.
강물처럼 소금기가 적어 짜지 않은 물을 민물이라고 해요.
휙휙 물속을 헤엄쳐 다니는 동물도 있고, 스윽 바닥을 기어 다니는 동물도 있어요.
다리를 움직여 걸어 다니는 동물도 있지요.

계곡을 돌아 흐르는 물 물처럼 소금기가 적은 호수, 연못 등의 물을 민물이라고 해요. 민물에는 지느러미를 움직여 헤엄치는 물고기, 다슬기처럼 바닥을 기어 다니는 동물, 가재와 같이 걸어 다니는 동물, 수달이나 왜가리처럼 먹이를 찾기 위해 민물을 찾는 동물이 있어요.

수영 선수 먹보 대장 수달

"아, 배고파." 주변을 두리번거리던 수달이 뭔가를 발견했어요.
"풍덩. 잡았다! 냠냠. 역시 물고기는 언제 먹어도 맛이 좋아."
수달은 물고기를 좋아하지만 개구리, 쥐, 토끼 등 무엇이든 잘 먹어요.
맛있게 식사를 한 수달은 물 밖으로 나와 '뿌지직~' 똥을 누었어요.

헤엄치는 수달 몸매가 유선형으로 생겼고, 발에 물갈퀴가 있어 물속에서 아주 빠르게 헤엄칠 수 있어요. 또 털에 기름이 묻어 있어서 물에 잘 젖지 않아요.

수달의 발 발가락 사이에 물갈퀴가 있어 수영하기에 편리해요. 또 발가락 끝에 날카로운 발톱이 있어 미끈미끈한 물고기를 잡거나 땅으로 올라갈 때 미끄러지지 않게 해 주어요.

엄마랑 퀴즈랑

수달이 물속에서 헤엄을 잘 치는 것은 발에 무엇이 있기 때문인가요?
(정답은 41쪽에 있습니다.)

물고기를 먹는 수달 물고기를 잡으면 보통 그 자리에서 먹어 치워요. 먼저 물고기의 머리를 잘라 삼킨 뒤 지느러미는 먹지 않고 뱉어 내요.

똥을 누는 수달 수달의 똥에서는 독특한 냄새가 나는데, 수달은 이 냄새로 암수를 구분할 수 있어요. 또 이 똥은 다른 수달에게 접근하지 말라는 경고 역할도 해요.

강가를 거닐던 수컷이 암컷의 똥 냄새를 맡았어요.
"휘리릭휘리릭. 내 짝이 되어 줄래?" 수컷이 휘파람을 불어요.
"좋아. 나도 네가 마음에 들어." 둘은 물속으로 들어갔다 나왔다 하며 물놀이를 해요.
서로의 사랑을 확인한 암컷과 수컷은 짝짓기를 해요.

물놀이를 즐기는 암컷과 수컷 짝짓기를 하기 위해 짝을 찾은 암컷과 수컷은 물속에서 서로를 쫓거나 뒤엉키며 장난을 해요.

짝짓기를 하는 수달 암컷과 수컷이 짝짓기를 하고 있어요. 짝짓기가 끝나면 수컷은 떠나 버리고, 이제부터 새끼를 낳고 기르는 것은 암컷의 몫이랍니다.

상식 톡톡

수달은 어떤 곳에서 새끼를 낳나요?
암컷은 나무뿌리 사이에 난 굴이나 강둑에 난 구멍, 속이 빈 나무 둥지 등 적의 눈에 잘 띄지 않는 안전한 장소를 찾아요. 그리고는 바닥에 나뭇잎, 마른 풀, 이끼 등을 깔고 새끼를 낳아요.

"부스럭부스럭, 풀썩!" 드디어 아기 수달이 엄마 배 속에서 나왔어요.
쭉쭉 아기 수달이 엄마 젖을 힘껏 빨아요.
아기 수달은 엄마 수달의 보살핌을 받으며 쑥쑥 자라요.

엄마 젖을 먹는 아기 수달 짝짓기를 한 뒤 약 70일이 지나면 귀여운 아기 수달이 태어나요.
아기 수달은 두 달 정도 엄마 젖을 먹으며 자라요.

풀밭에서 뒹굴며 노는 아기 수달 엄마 수달이 사냥 간 사이 아기 수달들은 풀밭에서 이리저리 뒹굴며 보내는 시간이 많아요.

딱딱! 집게발 가재

가재는 개울이나 맑은 물이 흐르는 계곡에서 살아요.

"누구든 오기만 해 봐라. 딱딱! 이 집게발로 꽉 물어 줄 테니까."

날카롭고 단단한 집게발을 번쩍 들고 노려볼 때면 꼭 싸움을 앞둔 장군 같아요.

집게발을 들어 상대를 위협하는 모습
가재는 머리부터 배까지 딱딱한 껍데기로 둘러싸여 있어요. 가슴다리는 모두 5쌍인데, 가장 크고 굵은 집게발은 먹이를 먹거나 적을 위협할 때 사용해요.

가재는 어디에 가면 볼 수 있을까요?
깨끗한 계곡이나 산골의 냇물에 가면 볼 수 있어요. 주로 돌 밑에 숨어 있으므로 돌을 가만히 들춰 보면 가재를 찾을 수 있어요. 가재는 더러운 물이 흐르는 곳에서는 살 수 없으므로 가재를 보호하기 위해서는 물이 더러워지지 않도록 해야 해요.

집게발을 들어 올려 싸우는 가재 수컷들 가재 수컷들은 암컷을 차지하기 위해 또는 자기 영역에 들어온 다른 가재를 내쫓기 위해 집게발을 들어 올려 싸우기도 합니다.

죽은 물고기를 먹는 가재 커다란 집게발로 죽은 물고기를 잡아 물고기의 살점을 뜯어 먹어요. 가재의 입안에는 턱각이 있어 먹이를 잘 잡을 수 있어요.

"음, 이제 배가 좀 고픈걸. 뭐 좀 먹어야겠어."
마침 죽은 물고기를 발견한 가재가 우적우적!
커다란 집게발로 죽은 물고기를 잡아 맛있게 먹어요.
가재는 지렁이, 벌레, 개구리, 식물까지 깨끗이 먹어 치우는 물속의 청소부예요.

개구리를 잡아먹는 가재 가재는 집게발을 손처럼 사용해 개구리, 올챙이, 도롱뇽, 지렁이 등을 잡아먹어요. 가재의 집게발에 물리면 도망치기 힘들어요.

가재가 먹이를 먹을 때 손처럼 사용하는 것은 무엇인가요?
(정답은 41쪽에 있습니다.)

"딱딱. 내 집게발 멋지지? 나랑 결혼해 줄래?" 암컷이 허락하면 암컷과 수컷이 짝짓기를 해요.
짝짓기가 끝나면 암컷은 얼마 뒤 송골송골 포도송이 같은 알을 낳아 배에 달고 다녀요.
알에서 깬 아기 가재는 여러 번 허물을 벗으며 멋진 집게발을 가진 가재로 자라요.

짝짓기를 하는 암컷과 수컷
짝짓기를 해도 좋다는 암컷의 허락을 받은 수컷은 짝짓기를 하여 암컷의 배 속에 정자를 집어넣어요.

가재의 알 엄마 가재는 알을 낳아 배에 붙이고 다녀요. 알은 처음에는 보라색을 띠지만 점차 연한 색으로 변해 가요.

어미 주변에서 노는 새끼 가재들 알에서 갓 깬 새끼들은 엄마 가재의 배다리에 꼭 붙어서 자라요. 하지만 좀 더 자라면 엄마 가재의 등 위를 기어 다니며 놀기도 해요.

허물을 벗는 새끼 가재 가재는 태어난 첫해에 5번, 2년째에 4번 허물을 벗으며 6센티미터쯤 되는 어른 가재가 되어요.

친구들과 모여 사는 송사리

송사리들이 무리를 지어 물살을 거슬러 올라가요.
"앗, 적이다! 적이 나타났어. 모두 도망쳐."
송사리들이 순식간에 흩어져 물풀 사이로 몸을 숨겨요.

송사리를 잡아먹는 잠자리 애벌레 잠자리 애벌레는 송사리의 무서운 천적이에요. 잉어, 물방개, 물장군, 가재 등도 송사리의 천적이지요.

물살을 거슬러 오르는 송사리 떼 송사리는 물살을 거슬러 떼 지어 헤엄쳐 다니다가 위험을 느끼면 재빨리 물풀 사이로 숨어요. 무리를 지어 다니기 때문에 적을 쉽게 발견할 수 있고, 재빨리 도망칠 수도 있지요.

상식 톡톡

송사리는 왜 물살을 거슬러 헤엄칠까요?
송사리뿐 아니라 많은 물고기가 흐르는 물을 거슬러 헤엄쳐요. 이것은 흐르는 물에 의해 몸이 아래쪽으로 떠내려가는 것을 막기 위해서예요. 물의 흐름에 떠밀려 바다까지 나가게 되면 소금기 때문에 목숨을 잃을 수 있기 때문이지요.

짝짓기를 하는 송사리 암컷과 수컷 암컷이 알을 낳으면 수컷이 정액을 뿌려 수정시켜요. 알을 품고 있어 배가 불룩한 것이 암컷이고, 등지느러미가 갈라져 있고 뒷지느러미가 사각형 모양으로 더 큰 것이 수컷이에요.

송사리의 알이 물풀에 잘 달라붙는 것은 알의 표면에 무엇이 있기 때문인가요?
(정답은 41쪽에 있습니다.)

"알이 곧 나올 거 같아." 수컷 송사리는 배가 불룩해진 암컷을 감싸 줘요.
쑤욱, 쑥쑥. 드디어 암컷 송사리가 동글동글 알을 낳았어요.
알을 배에 붙인 채 돌아다니던 암컷이 알을 물풀에 군데군데 떨어뜨려요.
이렇게 하면 알이 한꺼번에 적의 먹이가 되는 것을 줄일 수 있어요.

물풀에 매달린 송사리알 알은 1.3밀리미터 정도로 작고 투명해요. 알의 표면에는 많은 털이 있어 물풀에 잘 달라붙어요.

알 껍질을 뚫고 나오는 송사리 알 껍질 안에서 조금씩 움직이던 송사리가 알 껍질을 뚫고 나와요.

"냠냠. 아이 맛있어." 물 위로 입을 내밀자 장구벌레가 입속으로 쏙 들어와요.
송사리는 물속 여기저기를 돌아다니며 실지렁이, 물이끼, 물벼룩을 잡아먹어요.
하지만 추운 겨울이 오면 물 밑으로 내려가 따뜻한 봄이 올 때까지 기다려요.

장구벌레 모기의 애벌레로 송사리가 특히 좋아하는 먹이예요.

먹이를 찾는 송사리 송사리는 무엇이든 가리지 않고 잘 먹어요. 입이 위쪽을 향해 있어서 입을 물 위로 내밀고 뻐끔하면 장구벌레나 작은 플랑크톤이 입속으로 쏙쏙 들어와요.

물속을 헤엄치는 송사리들 따뜻한 봄이 되면 겨울잠을 자던 송사리들이 덮고 있던 낙엽을 밀쳐 내고 다시 물 위로 올라와 먹이를 먹고 짝짓기를 하고 알을 낳아요.

자식 사랑이 지극한 가시고기

"어, 내 몸 색깔이 바뀌었네!"
짝짓기를 할 때가 되면 가시고기 수컷은 몸 색깔이 화려하게 바뀌어요.
"멋진 둥지를 지어 예쁜 짝을 만나야지."
수컷은 물풀을 물어다 둥지를 짓기 시작해요.

가시고기는 짝짓기를 할 때가 되면 가슴 쪽이 어떤 색으로 변하나요?
(정답은 41쪽에 있습니다.)

몸 색깔이 변한 수컷 짝짓기를 할 때가 되면 수컷의 가슴은 붉은색, 등은 푸른색으로 화려하게 바뀌어요.

땅을 파는 수컷 둥지를 지을 곳을 찾으면 지느러미를 움직여 바닥에 구멍을 파요.

물풀로 집을 짓는 수컷 가느다란 물풀 줄기나 이끼 등을 물어다 구멍에 밀어 넣고, 끈끈한 점액을 토해 내어 둥지 재료들을 서로 단단하게 붙여요. 그래야 물살에 둥지가 휩쓸려 내려가지 않거든요.

"와, 드디어 멋진 둥지가 완성되었어. 이제 암컷을 초대해야지."
둥지가 완성되자 수컷은 암컷을 데리고 와 둥지를 보여 줘요.
"둥지를 멋지게 지었네요. 마음에 들어요."
둥지가 마음에 들면 암컷은 그곳에 알을 낳아요.

둥지 주위의 가시고기 암컷과 수컷
가시고기 수컷은 암컷에게 둥지를 보여 주고, 알을 낳아 달라고 춤을 추기도 해요. 암컷은 둥지를 살펴보고 마음에 들면 알을 낳으러 둥지 속으로 들어가요.

짝짓기를 하려는 가시고기 암컷과 수컷
둥지 안으로 들어간 암컷이 알을 낳으면
수컷은 알 위에 정액을 뿌려 알을 수정시켜요.

"우리 아이들이 무사하도록 내가 잘 지켜야지."
아빠 가시고기는 밥도 굶어 가면서 혼자 알을 지켜요.
아빠 가시고기의 지극한 사랑 덕분에 무사히 새끼들이 나와요.
그리고 지칠 대로 지친 아빠 가시고기는 혼자 조용히 눈을 감아요.

알에서 깬 새끼 가시고기들
아빠 가시고기의 정성으로 알에서 깬 가시고기가 둥지를 떠나 물속을 힘차게 헤엄쳐 가요.

둥지를 지키는 수컷
지느러미를 흔들어 둥지 속으로 새 물을 흘려보내고 둥지 안의 알을 꺼내 위치를 바꾸어 주기도 해요. 알에 신선한 산소를 골고루 넣어 주기 위해서지요.

민물로 가요!

민물

강이나 호수와 같이 소금기가 없는 물을 민물이라고 해요. 민물에는 송사리, 붕어, 쉬리, 가시고기 같은 물고기가 살아요. 물장군, 물자라, 게아재비 등의 곤충도 살고, 가재, 조개, 다슬기, 우렁이 등도 살아요. 또 물고기나 가재 등을 먹고 사는 수달도 물가에서 살지요.

민물에 사는 동물은 바다에서는 살지 못하나요?

붕어, 잉어, 가재 등 민물에 사는
동물을 바닷물에 넣으면 얼마 못 가 죽고 말아요.
바다에 사는 동물도 민물에서는 얼마 살지 못해요.
왜 이런 일이 생길까요?
민물과 바다 양쪽에서 사는 동물은 없을까?

여름에 바다에서 수영한 뒤 수돗물로
씻지 않으면 피부에 까슬까슬 소금이 남아요.
이것은 바닷물에 소금기가 있기 때문이에요. 하지만 냇물이나
강물에서 수영을 하면 피부에 소금기가 남지 않아요.
이처럼 민물과 바닷물은 물속에 들어 있는 소금기가 달라요.
그래서 민물에 사는 대부분의 동물이 바닷속에서는 살 수 없어요.
하지만 예외적인 물고기도 있어요. 송사리는 민물에 사는
물고기이지만, 소금기가 있는 바닷물에서도 살 수 있어요.
또 연어나 뱀장어도 강과 바다를 오가며 살 수 있지요.
이들은 소금기가 많은 바닷물에도 잘 적응하기 때문이에요.

▶ **연어** 연어는 강에서 태어나 넓은 바다로 나가 크게 자란 다음, 알을 낳을 때가 되면 다시 자기가 태어난 곳을 찾아와요.

가재를 길러 보아요

가재는 맑은 물이 흐르고 햇빛이 잘 비치지 않는 곳에서 잘 자라요. 낮에는 돌 밑에서 가만히 쉬다가 밤이 되면 슬그머니 나와 활동을 해요. 가재가 사는 환경과 비슷하게 해 주면 집에서도 가재를 기를 수 있어요.
암컷과 수컷을 함께 어항에 넣고 기르면 알을 낳고 새끼를 기르는 모습도 볼 수 있지요. 함께 어항을 꾸며 볼까요?

이런 것이 필요해요

비닐봉지에 물과 함께 담겨 있는 가재 / 모래 / 돌 / 돌멩이 / 먹이(멸치, 북어, 당근, 토마토 등) / 어항

가재를 길러 보아요

어항 속에 물고기를 함께 기르지 않도록 해요.

1 어항을 물로 깨끗이 씻어요. 세제를 사용하면 안 돼요.

2 어항 바닥에 모래를 깔고, 가재가 숨어 지낼 수 있도록 돌멩이 등을 넣어 줘요.

3 가재가 살던 곳의 물이나 하루 전에 받아 놓은 수돗물을 어항에 부어요.

4 비닐봉지에 담긴 상태로 가재를 어항에 넣은 뒤 30~40분 정도 그대로 두어요.

5 비닐봉지를 열어 가재를 어항 속에 넣어요.

6 준비한 먹이를 주어요. 먹이는 너무 자주 주지 않도록 해요.

⭐ 주의할 점을 알아보아요

- 여름에는 어항을 시원한 곳에 두고, 겨울에는 따뜻한 곳에 두어요.
- 물은 여름에는 매일 갈아 주고, 그 밖의 계절에는 이틀에 한 번씩 갈아 주어요.
- 물을 갈아 줄 때에는 절반 정도씩만 갈아 주어요.
- 물에 산소를 공급해 주고 물을 깨끗하게 해 주는 여과기를 설치하면 더 좋아요.

미술 작품에 나타난 물속 동물의 모습을 알아보아요

민물에는 자유롭게 여기저기 헤엄쳐 다니는 물고기와 커다란 집게발이 멋진 가재 등이 살아요. 이 동물들은 물속에서 알을 많이 낳아 번식해요. 사람들은 이 동물들의 자유롭고 평화스러운 모습을 미술 작품으로 표현하였어요. 이러한 작품에는 자식을 많이 낳아 집안이 잘되기를 바라는 마음도 들어 있다고 해요.

어해도 속의 동물

물속에 사는 여러 종류의 물고기와 게, 가재 등을 그린 그림을 어해도 또는 어락도라고 불러요. 어해도에 나오는 동물의 종류는 아주 다양해요. 물고기로는 잉어, 숭어, 방어, 붕어, 홍어, 메기, 송사리 등을 많이 그렸어요. 게와 새우, 거북, 조개 등은 물속 바위나 해초 사이에서 짝을 지어 놀고 있는 장면으로 많이 그렸지요. 옛 사람들은 어해도를 보면서 물고기와 관련된 교훈을 기억하거나 물속의 세상처럼 여유 있고 풍족한 생활이 계속되기를 바랐어요.

➡ **연꽃 아래에서 헤엄치는 잉어를 그린 어해도** 연꽃 아래에서 다정하게 헤엄치는 잉어를 그린 것으로 집안이 화목하고 즐거움이 가득차기를 바라는 마음을 표현한 것입니다.

공예품 속의 동물

물고기는 낮이나 밤이나 눈을 뜨고 있기 때문에 항상 경계할 수 있다고 생각하였어요. 그래서 쌀뒤주에 물고기 모양의 자물통을 달거나, 장롱의 문이나 서랍에 물고기 모양의 손잡이를 다는 풍습이 있었어요. 또 절에서 때를 알릴 때 쓰는 기구인 목어도 물고기 모양이에요. 물고기처럼 졸지 말고 늘 깨어서 꾸준히 수도에 정진하라는 뜻이지요. 커다란 집게발을 자랑하는 가재도 생김새가 독특해 여러 가지 생활용품에 장식으로 이용되었어요.

➜ **물고기 모양의 자물쇠** 장롱 문에 물고기 모양으로 자물쇠를 만들어 달았어요.

➜ **목어** 나무를 깎아 잉어 모양으로 만들고 속을 파내서 만들어요.

➜ **가재** 광택이 나는 금속의 느낌을 살려 가재를 만든 거예요.

➜ **가재 모양의 전화기** 1936년 살바도르 달리가 만든 것으로 가재의 특징을 잘 나타냈어요.

수달을 노리는 천적에는 무엇이 있나요?

다 자란 수달은 물속에서는 별로 무서워할 만한 동물이 없어요. 하지만 땅 위에서는 수달을 노리는 천적이 있어요. 바로 흰머리수리, 스라소니, 늑대, 코요테 등이지요. 이들보다 더 무서운 천적은 바로 사람이에요. 사람들이 버리는 쓰레기, 가정이나 공장에서 흘러나오는 더러운 물이 수달이 사는 곳을 오염시키기 때문이에요. 그래서 수달이 살 곳이 점점 줄어들고 있어요.

가재는 평생 허물을 몇 번이나 벗나요?

가재의 몸을 덮고 있는 단단한 껍데기는 몸이 커 가는 데 맞추어 자라지 않아요. 그러므로 주기적으로 허물을 벗어 버리고 커 나가는 거예요. 허물을 벗을 때가 되면 헌 껍데기 밑에 새로운 껍데기가 생겨나며, 등 부분이 갈라지면서 머리가 빠져나오고, 더듬이와 꼬리가 나오면 허물벗기가 끝나요. 가재는 태어난 해에 5번 정도 허물을 벗고, 그다음 해에는 4번 정도 허물을 벗으며 자라요. 이렇게 자란 가재는 5년 정도 더 살면서 10번 정도 허물을 더 벗어요. 가재는 평생 동안 약 20번 정도 허물을 벗어요.

가재는 어디로 숨을 쉬나요?

가재도 물에 사는 물고기처럼 아가미로 숨을 쉬어요. 가재의 아가미는 머리가슴 부분의 딱지 속에 들어 있어요. 이 딱지를 열면 하얀 술들이 빗 모양으로 늘어서 있는데 이것이 바로 아가미예요. 턱 밑의 돌기들을 움직여 빨아들인 물이 이 아가미를 지날 때 산소를 들이마시지요. 아가미는 물 밖에 나와 있는 동안에도 축축이 젖어 있어 물 밖에서도 얼마 동안은 숨을 쉴 수 있답니다.

겨울이 되면 왜 송사리를 보기 힘들까요?

물에서 떼를 지어 헤엄치던 송사리들은 날씨가 추워지면 물속 깊은 곳으로 내려가서 지내요. 깊은 곳이 물의 표면보다 온도가 더 높기 때문이에요. 날씨가 더 추워지면 물 밑에서 낙엽이나 진흙 바닥에 몸을 묻고 꼼짝하지 않으면서 봄이 오기를 기다려요. 봄이 되어 물의 온도가 올라가면 물 위로 올라가 물벼룩이나 실지렁이 등을 잡아먹으며 활발하게 돌아다녀요. 이와 같은 생활을 하기 때문에 봄부터 여름까지는 송사리를 쉽게 볼 수 있지만, 날씨가 추워지기 시작하면 보기 힘들어요.

물고기는 왜 눈을 뜨고 자나요?

육지에 사는 동물들은 먼지 등으로부터 눈을 보호하고 수분을 공급해 주는 눈꺼풀이 있어요.
하지만 물고기는 물에서 살기 때문에 눈을 보호할 필요도 없고 수분을 공급하지 않아도 돼요. 그래서 눈꺼풀이 원래부터 발달해 있지 않아서 눈을 감을 수가 없어요. 결국 눈을 감고 자는 물고기는 없는 셈이지요. 물고기는 눈꺼풀 대신 눈을 보호해 주는 투명한 막이 있어요.

왜 가시고기라는 이름이 붙었을까요?

가시고기를 자세히 관찰해 보면 등지느러미 앞에 독립된 작은 가시가 6~10개 있어요. 또 배지느러미, 등지느러미, 뒷지느러미 등에도 가시가 있어요. 이 가시들 때문에 가시고기라는 이름이 붙었어요. 큰가시고기는 가시고기보다 약간 크며, 등지느러미의 가시가 3개로 서로 떨어져 있어요.

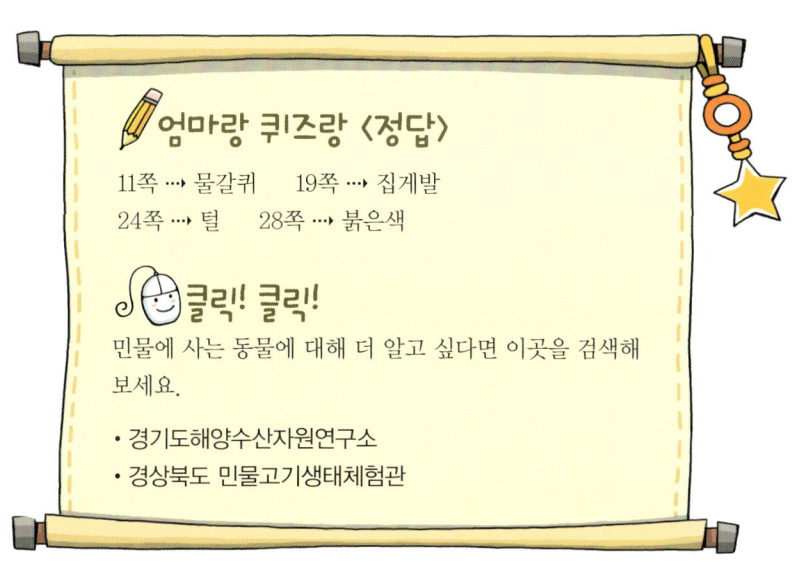

엄마랑 퀴즈랑 〈정답〉

11쪽 ⋯ 물갈퀴 19쪽 ⋯ 집게발
24쪽 ⋯ 털 28쪽 ⋯ 붉은색

클릭! 클릭!

민물에 사는 동물에 대해 더 알고 싶다면 이곳을 검색해 보세요.

- 경기도해양수산자원연구소
- 경상북도 민물고기생태체험관